Você pode sair desta crise

COLEÇÃO PENSAR POSITIVO

Adeus à insônia e... ZZZZZZZZZZ
Rosalba Hernández

Bebês felizes com exercícios, jogos e massagens
Clara María Muñoz Gómez

Como superar as perdas na vida
María Mercedes P. de Beltrán

Desenvolva sua inteligência emocional e tenha sucesso na vida
María Mercedes P. de Beltrán

Disciplina sim, mas com amor
Annie Rehbein de Acevedo

Encontre as forças do amor familiar e... viva-as
Gloria Luz Cano Martínez

Gotas de ânimo para descobrir as coisas simples da vida
Margot Vélez de Pava

Pensar positivo – Mude o disco de sua mente
María Mercedes P. de Beltrán

Preocupe-se menos... e viva mais!
María Mercedes P. de Beltrán

Ser feliz! A decisão é sua
María Mercedes P. de Beltrán

Sou adolescente... Entenda-me!
Ángela Marulanda Gómez

Vença a timidez com sucesso!
Dora Salive e Nubia Díaz

Você pode sair desta crise
María Mercedes P. de Beltrán

Voltar a viver... após a morte de um ente querido
Claudia Beltrán Ruget

María Mercedes P. de Beltrán

Você pode sair desta crise

Transforme seus problemas em oportunidades

Dados Internacionais de Catalogação na Publicação (CIP)
(Câmara Brasileira do Livro, SP, Brasil)

P. de Béltran, María Mercedes
Você pode sair desta crise : transforme seus problemas em oportunidades / María Mercedes P. de Béltran ; [tradução Gilmar Saint'Clair Ribeiro ; ilustrações Vasqs]. — 2. ed. — São Paulo : Paulinas, 2007. — (Coleção pensar positivo)

Título original: De esta crisis... usted puede salir adelante.
ISBN 978-85-356-1548-2
ISBN 958-939-886-3 (ed. original)

1. Autoconfiança 2. Autodomínio 3. Controle (Psicologia) 4. Emoções 5. Solução de problemas (Psicologia) I. Vasqs. II. Título. III. Série.

07-7128 CDD-158.1

Índices para catálogo sistemático:

1. Controle emocional : Solução de problemas : Psicologia aplicada 158.1
2. Solução de problemas : Controle emocional : Psicologia aplicada 158.1

3ª edição – 2008

Título original da obra: *De esta crisis... usted puede salir adelante*

Direção-geral: *Flávia Reginatto*
Editora responsável: *Celina H. Weschenfelder*
Auxiliar de edição: *Alessandra Biral*
Tradução: *Gilmar Saint'Clair Ribeiro*
Copidesque: *Cristina Paixão Lopes*
Coordenação de revisão: *Andréia Schweitzer*
Revisão: *Patrizia Zagni e Ana Cecilia Mari*
Direção de arte: *Irma Cipriani*
Gerente de produção: *Felício Calegaro Neto*
Projeto gráfico e capa: *Telma Custódio*
Ilustrações: *Vasqs*

Paulinas
Rua Pedro de Toledo, 164
04039-000 – São Paulo – SP (Brasil)
Tel.: (11) 2125-3549 – Fax: (11) 2125-3548
http://www.paulinas.org.br – editora@paulinas.com.br
Telemarketing e SAC: 0800-7010081

Leitor

Nesses anos que atuo como psicóloga, conheci muitos casos de pessoas que, após as mais dolorosas crises provocadas por problemas afetivos, de saúde, financeiros, de relações interpessoais ou de qualquer natureza, renasceram para uma vida diferente.

O ato de renascer está relacionado a novos horizontes, com diferentes rumos, renovação e a descoberta de caminhos diversos.

Algumas pessoas assimilam esse processo como uma transformação espiritual, com um objetivo místico ou religioso. Essa é uma forma válida e reparadora, que acarreta bons resultados para muitos; porém, não é a única.

Você pode ter consciência de suas fortalezas, de sua clareza no momento de tomar decisões, do grande apoio recebido pelas pessoas que o cercam e de uma lista interminável de sólidas qualidades que, quase forçosamente, precisa mostrar agora que sua bagagem foi posta à prova.

O objetivo deste livro é auxiliá-lo na compreensão e aceitação das características comuns em todas as crises, para que entenda que não é o primeiro nem o único a ser obrigado a sobreviver à dor e à angústia paralisantes e aparentemente intermináveis.

Embora o caminho seja longo e esta leitura lhe sirva apenas como um degrau, se você se orientar na direção do crescimento e aproveitar as circunstâncias para melhorar, suas crises e dores atuais serão benéficas!

CAPÍTULO 1

Para os que estão "cansados" de sofrer

Quando era estudante de psicologia, ouvi esta frase de um reconhecido e respeitado psicólogo, a qual me marcou profundamente: "Para que seja um bom profissional, é essencial que o psicólogo compreenda que quem o procura não está em busca da cura, mas sim de alívio: não quer mudar, mas sentir-se confortável. Por isso, nosso principal desafio é incentivá-lo a alcançar seu objetivo".

Ao escrever este livro, deparo-me com o mesmo dilema. Sei que muitas pessoas que vão lê-lo (talvez você) estão enfrentando um momento difícil em suas vidas. E estão cansadas de sofrer! Mas eu lhes pergunto: "Será que vocês estão dispostos(as) a dar esse passo que os(as) conduzirá da simples queixa à ação?".

Sob esse aspecto, muitas terapias fracassam. E não somente os métodos... se alguém aconselha e auxilia outra pessoa a encontrar opções, se lhe ensina as diversas formas de enfocar de modo diferente sua situação, mas ele(a) não está disposto(a) a agir, a fazer o que deve, qual é a verdadeira função desse investimento de energia?

Absolutamente nenhum!

Anthony de Mello, sacerdote e psicólogo hindu, afirma em uma de suas obras: "Quando se cansam de sofrer, é um bom momento para que as pessoas despertem".

E acrescenta: "É preferível deixar que alguém sofra um pouco mais, até que se 'canse' e esteja disposto a ver. Ou ele(a) desperta, ou a vida o(a) despertará...".

Agora que começo a estabelecer contato com você, convido-o(a) a refletir sobre essas palavras.

CAPÍTULO 2

Nada me agrada

No exercício de minha profissão, convivi com pessoas de todas as faixas etárias e camadas sociais para saber como se sentem diante de um problema angustiante ou uma crise aguda. Entre as queixas mais comuns, estão:

- "Às vezes, sinto-me perdido(a) e assustado(a)".
- "Sou impaciente e agressivo(a), até mesmo com os que querem me ajudar".
- "Parece que caí em um buraco negro".
- "Fico furioso(a), decepcionado(a) comigo mesmo(a)".
- "Tenho necessidade de me isolar".

- "Diante de algumas ocasiões, fico totalmente sem reação".
- "Não consigo me concentrar nem me lembrar de certos fatos".
- "Considero-me despreparado(a) para lidar com algumas situações".
- "Quando percebo que ninguém se importa comigo, sofro demais".
- "Tenho um apetite insaciável".
- "Imagino que qualquer pessoa que se aproveite de minha fragilidade vai me levar às lágrimas".

- “Sinto vontade de desaparecer, pois tudo me desagrada”.
- “Acho que nunca vou sair dessa situação”.

Nos momentos de crise, desencadeia-se um sentimento real de tristeza e desilusão, acompanhado, muitas vezes, de culpa pelos atos e omissões individuais.

Contudo, não é apenas a alma que sofre. Algumas vezes, o corpo também se ressente, e surgem sintomas orgânicos, como cansaço, dores de cabeça ou musculares, prisão de ventre, insônia, alterações de apetite. Tudo isso é o resultado de uma reação adaptativa de nosso organismo quando precisa enfrentar algo indesejado e, muitas vezes, inesperado.

O ato de experimentar as oscilações de humor com maior ou menor intensidade é considerado normal e, a princípio, neutro. O mais importante é como tudo isso é enfrentado. Por mais dolorosa que seja a crise, se houver um funcionamento psicológico "normal", é possível que a pessoa supere a fase ruim com o auxílio de diferentes fontes, como, por exemplo, espirituais, de amigos, do trabalho, de livros, de familiares, entre outras.

No entanto, nas crises, existem graus extremos de confusão nos quais a pessoa apresenta sinais de verdadeira incapacidade para ser bem-sucedida em diversas áreas da vida. Conseqüentemente, podem surgir situações alarmantes, que às vezes lhe ameaçam a integridade física, como depressão profunda, anorexia, bulimia. Nesses casos, é imprescindível que procure o auxílio de um profissional especializado o mais breve possível.

CAPÍTULO 3

Está tão escuro que logo vai amanhecer

Aí está você, nessa situação caótica e em meio à dor profunda. Nesse momento, questiona-se: "E agora, o que eu faço?".

Entre as diversas opções de respostas, estão:

- **primeiramente, escolher o caminho da negação**, com frases como: "Tudo está perfeitamente normal".

Caso aceite a realidade, é provável que seu pensamento seja: "Mesmo se estiver ocorrendo algo, isso não me atinge" ou

"Nada é tão grave como imagino". Outra opção seria acreditar na existência do problema, mas negar as soluções. Nesse caso, fica a dúvida: será que você não está rejeitando sua atitude de negação?

- **em segundo lugar, estão as pseudo-soluções, ou soluções aparentes,** que somente colaboram para agravar o problema. Entre elas, podem ser citadas:

  – consumo de álcool ou drogas, como forma de "curar" os problemas;

  – excesso de atividades. Para não enfrentar a situação, algumas pessoas preenchem seu tempo vago com esportes, estudos, trabalho, diversão. Embora isso ocasione certa "tranqüilidade" temporária, mais cedo ou mais tarde o problema vai ressurgir, quase sempre agravado;

– substituição, ou seja, quando alguém substitui uma relação, um emprego ou uma dívida por outro, sem dedicar um tempo para refletir a esse respeito.

Embora todos esses subterfúgios sejam momentaneamente eficazes, a longo prazo a situação não vai modificar-se.

- **no entanto, existe um terceiro caminho.** No início, essa trilha parece ser a mais árdua, o que exige um acúmulo maior de coragem. Porém, essa é a única forma de atravessar o túnel com os olhos bem abertos.

Mesmo que sinta medo da solidão, do escuro, da inexperiência, ou seja, do desconhecido, tenha a certeza de que, do outro lado, você vai reencontrar o caminho iluminado. Essa situação pode ser resumida na seguinte frase: "Está tão escuro que logo vai amanhecer".

Se estiver "paralisado(a)" em algum dos primeiros estágios do caminho, todos os momentos são propícios para retroceder. Porém, o único meio de resolver os problemas é enfrentando as dificuldades.

Após percorrer essa trilha, você vai se deparar com a redenção, porque:

- encontrou a si mesmo(a);
- descobriu suas reais capacidades;
- superou tão bem essa situação que se transformou em alguém renovado e autoconfiante.

CAPÍTULO 4

Olhar para trás... só para aprender

Aquelas pessoas que optam pelo caminho da negação sepultam seu passado como se nada houvesse acontecido. Mesmo quando aparentemente tudo estiver esquecido, elas não foram capazes de analisar nem de aprender com as experiências. Portanto, mais cedo ou mais tarde, sentirão as conseqüências de não terem encontrado uma solução.

Quem fica ancorado aos fatos passados desperdiça as oportunidades presentes de desfrutar e crescer.

Os que se decidem por seguir em frente devem, antes de avançar, olhar para trás e aprender com as experiências anteriores.

Ao analisar seu passado com responsabilidade e o desejo de encarar as conseqüências com otimismo, a pessoa não se sentirá mais invadida por ondas de culpabilidade emocional porque terá assumido o compromisso de mudar. No entanto, nesse momento, é fundamental que compreenda que, apesar de todos os contratempos, aqueles que a cercam continuarão sua trajetória de vida.

É inútil lutar contra a realidade. Apesar de todas as adversidades, nada pode ser modificado ao redor. As verdadeiras mudanças são produzidas em cada um.

Para que estas páginas sejam uma luz em sua vida, é necessário que você esteja disposto(a) a mudar, embora essa atitude lhe custe muito. Mesmo que a princípio possa lhe causar sofrimento, esse é o preço exigido pelas soluções dos problemas.

CAPÍTULO 5

Quem não percebe que não vê pensa que enxerga

Em alguma ocasião, você já foi ao oftalmologista experimentar lentes de graus diferentes para ver com qual enxergava melhor? Caso a resposta seja afirmativa, vai saber exatamente do que vamos falar.

Quando têm algum problema na visão com o qual se acostumam, muitas pessoas acreditam firmemente que todos enxergam desse modo e, por isso, seus olhos são normais. Mas nem se questionam se os demais visualizam "melhor" aquilo que observam. Porém, quando surge a oportunidade de testar outras lentes que corrigem essa "falta de visão", de repente vislumbram uma realidade mais nítida e percebem sua limitação visual. Nesse momento, notam que *não percebiam que não viam*.

Isso também ocorre com nossa percepção. Ao acostumar-nos a "ver" uma

situação de certa maneira, pensamos que tudo se resume ao nosso ponto de vista. Porém, se decidirmos experimentar outras lentes, é possível enxergarmos tudo com detalhes incríveis.

Procure encarar a situação de modo diferente.

Essa é a nossa primeira recomendação.

CAPÍTULO 6

Esclareça seus sentimentos e objetivos

Seja qual for o problema ou a situação desesperadora que esteja atravessando no momento, primeiramente é fundamental que você esclareça quais são seus sentimentos e objetivos a ser alcançados.

Observe que a ênfase é colocada em você, não nos que o(a) rodeiam nem nas circunstâncias externas. Por quê? Porque, na vida, tudo ocorre independentemente de sua vontade. Do contrário, já teria mudado a situação e não estaria sofrendo mais.

Enquanto estiver convencido(a) de que seu conflito é com alguém ou algo exterior a si mesmo(a), você vai ter muito pouco a fazer, exceto lamentar-se. Porém, quando tiver coragem e aceitar que grande parte do conflito está em seu interior (em qualquer situação, todos têm uma grande parcela de responsabilidade), então vai realizar algo produtivo, ou seja, tornar-se responsável pelas próprias dificuldades.

Talvez considere seus problemas como algo único. Nesse momento, é provável que você se sinta profundamente isolado(a) e incompreendido(a) e que não existe possibilidade de orientação nem ninguém a quem pedir ajuda.

No entanto, pense nisto: em uma prisão, quem tem as chaves da porta é o carcereiro. Na prisão psicológica em que está encerrado(a), somente você é capaz de encontrar a saída, porém ainda não percebeu isso.

CAPÍTULO 7

Qual é o verdadeiro problema?

Neste capítulo, o enfoque principal é você.

Primeiramente, imagine-se como o personagem principal de um filme. Observe tudo sem julgamentos nem justificativas, críticas ou autocompadecimentos. Perceba a dor e o desassossego que sente. Qual é o motivo de tanto sofrimento?

Para auxiliá-lo(a) em sua resposta, reflita sobre este exemplo: com antecedência, você planeja cuidadosamente um passeio pelo campo; porém, na ocasião, cai uma

forte chuva, que atrapalha seus projetos. Nesse caso, o problema não é a brusca mudança no clima, mas sim a não-concretização de seus planos. No entanto, para um trabalhador rural, essa mesma chuva que lhe causou revolta significa bênção.

Todos nós costumamos culpar a realidade, mas não percebemos que são nossas reações que nos contrariam.

A maioria das pessoas acredita que a felicidade está no ato de conquistar alguém ou alguma circunstância almejada. Porém, fica surpresa ao descobrir que esse sentimento se situa precisamente na ausência de apegos.

Essa é a base da teoria de Anthony de Mello. Em sua opinião:

> É o apego às coisas que você acredita que lhe proporcionam felicidade que o faz sofrer. É o medo de perder o afeto dos demais e de que a imagem que fazem de você se quebre [...].
>
> Para ser feliz, não é necessário fazer nem conseguir nada, mas sim desfazer-se das falsas idéias, ilusões e fantasias que o impedem de ver a realidade. É preciso abrir bem os olhos para perceber que a infelicidade não é proveniente da realidade.

Por que o ser humano tem tantos apegos? Porque, desde a infância, todos nós recebemos uma série de mensagens e ensinamentos dos pais, da família, dos educadores, da sociedade, que nos programaram para pensar e agir de determinada maneira a fim de que defendêssemos aquilo que nos transmitiram como verdade única e irrefutável.

Essas mensagens abrangem diversos temas, mas, em última instância, se referem a quais são os fatores desejáveis e os indesejáveis para nossa vida e como podemos obtê-los.

CAPÍTULO 8

Frustração e medo

Se continuar com o exercício de auto-observação, você vai perceber que a raiz de seu problema está na frustração e no medo.

Frustração porque as coisas não saíram da maneira que você queria.

Medo de que, com as novas circunstâncias (ou seja, o problema atual), você não consiga obter o que, nesse momento, considera ser vital para sua felicidade.

Medo de que, da nova maneira como a vida se apresenta, vai sofrer demais. Em outras palavras, isso significa "não desfrutar a vida, não ser feliz".

Medo de que, por esse caminho desconhecido e rejeitado, não consiga chegar a sua meta. Estava preparado(a) para outra coisa, porém agora é necessário mudar para ser feliz.

Medo de ter perdido tudo de bom que possuía e de não ser capaz de desfrutar nada diferente. Em outras palavras:

Não permitir a aproximação da felicidade.

Medo de ser dependente do modo como até o momento tudo foi feito e de não acreditar que possa haver outras alternativas.

Penso que só existe uma forma de ser feliz.

Eu me apego às fórmulas conhecidas, porque acredito que me transmitem segurança.

Sinto dificuldades de libertar-me dos aprendizados anteriores, porque os considero "a" verdade.

Tenho medo e resisto às mudanças, pois isso "sacode" minha comodidade.

Agora, autoquestione-se:

- Conheço pessoas que merecem meu respeito e que, por possuir atitudes totalmente diferentes da minha, desfrutam e amam intensamente a vida, ou seja, são felizes?
- Já experimentei outras maneiras diferentes de fazer as coisas, que me fizeram obter os mesmos resultados?

Observe a seguinte questão: "qual é o segredo da felicidade?"

Embora até agora tivesse acreditado que somente sua resposta fosse certa, tenha em mente que você é capaz de mudar esses conceitos e vislumbrar outros horizontes, se assim o permitir.

Se suas circunstâncias mudaram e não são mais como antes, você tem apenas duas alternativas:

- ou fica se lamentando, chorando, com raiva e se culpando em meio a um mar de lágrimas;
- ou muda e adapta-se às novas circunstâncias.

Esse é seu desafio; essa é sua escolha.

Quando vemos alguém que sofre por alguma perda ou crise aguda aparentemente sem solução, nós nos encontramos perante uma pessoa convencida de que é somente em seu exterior que vai encontrar um motivo para ser feliz; então, ela assume uma atitude totalmente apática, em que consome as energias na tentativa de esclarecer por que lhe ocorreu algo e quem vão ser os responsáveis por reparar o que foi perdido.

Toda mudança acarreta novas circunstâncias; então, é fundamental que todos estejam dispostos a assumir desafios. Não existe perda pessoal sem dor ou sofrimento, porque é impossível que haja modificação sem a renúncia ao passado.

"Os riscos são o ingrediente essencial da mudança e o lubrificante natural que permite que as pessoas superem sua dependência dos hábitos, da rotina, da certeza."

CAPÍTULO 9

Dificuldades financeiras

Em nossa vida, existem diversas categorias de dificuldades: financeiras, de relações interpessoais, saúde, insegurança pessoal, desilusão, angústia existencial, entre outras.

Nelas, está agrupada a maioria das preocupações e dos sofrimentos. No entanto, se for solicitado que alguém classifique seu problema, esse tipo de resposta não vai causar nenhum espanto: "Não, comigo é diferente. Trata-se de...". Isso ocorre porque todos acreditam que seus problemas são únicos, diferentes e mais difíceis de solucionar e de suportar que os das demais pessoas.

Por isso, vou me referir às três categorias mais abrangentes de contrariedade, não porque as considero as mais importantes (pois, para cada pessoa, seu problema é o mais sério), mas porque acredito que sejam as mais genéricas.

Na primeira, estão as dificuldades financeiras. No capítulo seguinte, vou me referir à categoria dos problemas afetivos ou de relacionamento interpessoal e, em seguida, aos de saúde.

Como possui um significado especial, em geral, quando sofrem uma contrariedade imediatamente todos pensam nos valores materiais. Nesse momento, ocorre a materialização do medo, pois, quando há dificuldades financeiras, surgem alguns temores inconfessáveis, entre os quais estão:

- ficar sem poder;
- não exercer influência ou "peso" sobre os demais;
- ser reprovado pelo mundo e, até mesmo, perder a capacidade de amar e ser amado.

Não importa se, na realidade, isso é possível; refere-se a uma verdade subjetiva, considerada desse modo porque quem a experimenta sente que é real.

Essa crise que você atravessa é o momento perfeito para considerar qual é a importância dos bens materiais para sua vida atual e futura. Por que isso é tão importante? Acredita que o dinheiro é o parâmetro pelo qual os demais julgam seu sucesso ou valor pessoal? A quantidade de recursos financeiros de que dispõe no momento muda sua vida de modo significativo?

Para muitos, a riqueza material e o poder transmitem a verdadeira idéia da felicidade. Em sua opinião, isso também ocorre? Na escala de valores, qual é o lugar ocupado pelo dinheiro em comparação com a satisfação produzida por seu trabalho?

De acordo com algumas pessoas, o ato de "ter de trabalhar" é a obrigação mais pesada que devem cumprir. Para outros, essa atividade significa paixão, realização, a forma mais agradável de empregar seu tempo. Essa é a grande diferença entre os que desfrutam plenamente os frutos de seu trabalho e os que só acreditam que "vivem" nos fins de semana e na época de férias.

Se quer saber realmente em qual categoria você se encaixa, a dica é fazer este autoquestionamento: "se amanhã ganhasse um milhão de reais, eu executaria a mesma tarefa que faço hoje?". Caso a resposta seja negativa, não fique preocupado. Analise se, talvez, o que lhe desagrada são seus colegas de profissão ou as condições de trabalho. Mesmo assim, você deixaria de exercitar essa atividade ou profissão?

As pessoas que respondem de modo negativo à pergunta anterior terão compreendido que, mesmo quando o dinheiro é um motivo importante, o que as impulsiona a agir é a paixão pelo que fazem e o desejo de alcançar os objetivos.

Embora seja somente um meio para obter uma vida agradável e tranqüila, na realidade, muitos sacrificam seu tempo disponível, algumas relações e muitos sonhos para conseguir boa estabilidade financeira. Na prática, diversos fatores que contribuem para uma vida melhor são sacrificados no altar do dinheiro.

Em sua opinião, os recursos financeiros significam muito mais que simplesmente um meio de obter uma vida agradável e tranqüila?

Será que lhes conferimos o poder de medir e controlar nosso sucesso e valor pessoal e relacionamos esses fatores à nossa necessidade de aprovação pelos demais?

CAPÍTULO 10

Problemas afetivos ou de relacionamentos interpessoais

De acordo com diversas pesquisas realizadas, 75% dos indivíduos transferem a culpa de sua infelicidade para pessoas, fatos ou circunstâncias externas. Os que pensam dessa maneira são denominados personalidades de controle externo.

Em seu caso, se transfere a culpa de seu atual estado emocional a algum fator externo, talvez você também pertença a essa categoria de pensamento.

Se, diante da pergunta: "por que se sente mal?", escolher alguma das frases seguintes:

- "porque alguém me ofendeu";
- "porque um(a) amigo(a) me traiu";
- "porque meu(minha) chefe não me valoriza";
- "porque fui prejudicado(a) por culpa de fulano(a)";

... você se acostumou a "buscar culpados", e isso lhe trará muita amargura.

O ato de transferir a culpa aos demais é uma artimanha muito cômoda quando alguém se nega a assumir a responsabilidade pelo que ocorre na própria vida.

No entanto, se optar por algumas das alternativas a seguir:

– “dou importância demais ao que os outros dizem”;

– “tinha algumas expectativas diferentes sobre um(a) amigo(a)”;

– “não permiti que meu(minha) chefe me conhecesse bem”;

– “não administrei corretamente os fatos, por isso perdi tudo”;

... então, você está descrevendo o problema segundo suas atitudes, que são realmente as que podem ser modificadas, pois as dos demais são imutáveis. Aqueles que abordam os problemas dessa maneira se denominam personalidades de controle interno.

Se, nesse momento, você se sente “vítima” da influência de outra pessoa, certamente não vai lhe agradar a alternativa de enfocar os problemas a partir de seu controle interno, pois isso o(a) privará da capacidade de culpar os outros e fará que se sinta mal.

Quando se habitua a acreditar que sua felicidade está "fora de si mesmo", o ser humano pensa que a estabilidade financeira, o sucesso pessoal ou profissional "o fazem feliz"; em contrapartida, julga que os episódios alheios são os que lhe "transmitem infelicidade". Porém, não percebe que o ato de definir sua vida dessa maneira o torna escravo das decisões alheias e vítima dos sentimentos e comportamentos dos demais. É fundamental que tenha em mente que somente você, mais ninguém, tem o controle sobre seus pensamentos e sentimentos.

Vale lembrar que todos são responsáveis pelos próprios atos. Ou seja, a princípio, nossos controles são internos. Somente se aceitarmos ser controlados nos transformaremos em personalidades de controle externo.

Ser uma pessoa de controle externo acarreta sérias conseqüências. Uma das mais complexas é quando as opiniões alheias adquirem um significado completamente desproporcional; então, a aprovação dos demais se transforma em sua principal meta, porque acredita que, se for bem-aceita, todos farão muitas coisas em prol de sua felicidade.

"Necessitar" significa muito mais que querer ou desejar; é depender. Isso nos transforma em escravos, porque não podemos ter liberdade de escolha.

Quem necessita da aprovação constante dos demais entra em um estado de colapso emocional quando não atinge seu objetivo; então, fica imobilizado(a) diante de críticas ou reprovações.

Se a segurança e auto-estima estiverem interligadas a seus apegos, a pessoa fica exposta a diversas crises. No livro *Tus zonas erróneas* [Tuas zonas errôneas], o psiquiatra norte-americano Wayne W. Dyer afirma: "Posso dizer com convicção que a necessidade de obter a aprovação da maioria das pessoas, em quase todas as ações, é a causa mais freqüente de infelicidade humana".

Os resultados dessa procura se tornam visíveis entre a grande quantidade de pessoas que recorre aos psicoterapeutas, que consome tranqüilizantes ou que, em busca de reconhecimento e aceitação pelos demais a qualquer preço, renuncia à dignidade e à autoconfiança.

Ninguém jamais vai obter a aprovação de todos aqueles com quem se relaciona;

por isso, é conveniente superar a ansiedade, pois, se depender disso, você será condenado a nunca alcançar a felicidade.

Embora todos apreciem elogios e reconhecimento, existem algumas pessoas que só se sentem bem interiormente quando os demais lhe dedicam uma dose extra de atenção.

O ambiente cultural reforça o comportamento de busca de aprovação como norma de vida. Com base nisso, revela o dr. Dyer: "Como seu sentimento de autovalorização pessoal está localizado no próximo, se alguém se recusar a alimentá-lo com sua aprovação, você ficará sem nada. Não valerá nada".

Em contrapartida, quem não objetiva conseguir a maior aprovação é o mais bem-sucedido em todos os aspectos da existência.

CAPÍTULO 11

Como agir perante os problemas de saúde?

Em quase todos os momentos difíceis, se houver uma boa dose de autocrítica, é possível identificar quais foram os atos ou situações desencadeadores da crise.

No entanto, com os problemas de saúde, ocorre o contrário, pois, para nós, é mais difícil reconhecer nossa responsabilidade; então, sentimo-nos "vítimas" e desenvolvemos dois tipos de atitudes:

- de autocompaixão, o que nos leva a explorar a situação perante nós mesmos e os outros com o objetivo de que se compadeçam de nós; porém, essa é somente uma forma de buscar afeto. Repassamos inúmeras vezes os pontos mais dolorosos das circunstâncias e quase nos empenhamos em que não haja nenhuma saída. Nos assuntos relacionados à saúde, acreditamos que a única opção aceitável e que resolveria nosso problema é que "isso" nunca nos tivesse atingido.

- de revolta: por considerarmos injusto termos sido afetados pelas contrariedades, sentimo-nos maltratados pela vida, por Deus, pelo destino, entre outros sentimentos.

É claro que nenhuma das atitudes anteriores resolve nossos afãs, mas somente contribui para o agravamento de nossa percepção da realidade.

Realmente não é eficaz gastar as energias com o pensamento de que você é a única pessoa a quem ocorreu algo tão grave, cuja dor é insuportável. Um fato verdadeiramente construtivo é que, nessa situação, é capaz de exercer o controle sobre os fatos.

De acordo com relatos médicos, muitos pacientes se curaram porque possuíam atitudes positivas, desejo de viver e empenho em seguir em frente.

O tipo de reação individual perante os problemas de saúde tem forte influência sobre a enfermidade. Mesmo se o estado orgânico não se modificar, a atitude mental do paciente vai ter mais eficácia que qualquer medicamento na normalização do organismo.

CAPÍTULO 12

Aprenda a pedir ajuda

Quando estamos em crise ou enfrentamos sérios problemas, muitas vezes complicamos mais a situação porque não nos atrevemos a pedir ajuda. No fundo, nosso principal temor é demonstrar fragilidade e debilidade.

No entanto, o ato de pedir ajuda não é algo vergonhoso nem significa fraqueza. Simplesmente é parte da natureza humana.

A maioria dos seres humanos não gosta de incomodar os demais. Então fica tão preocupada com a possibilidade de ser incômoda que, quando finalmente decide pedir auxílio, faz isso de modo inadequado.

Diante de uma crise, é importante saber pedir ajuda no momento certo.

Para isso, nós nos apoiamos em alguns enfoques interessantes, os quais podem ser encontrados no livro de Carole Hyatt, *¿Qué hace una persona inteligente cuándo fracasa?* [O que uma pessoa inteligente faz quando fracassa?].

Antes de tudo, a faculdade de pedir ajuda não significa descarregar os problemas nos próximos nem acreditar que os outros são "tão bons amigos", "têm tantos contatos", "são tão bem preparados" que vão assumir a responsabilidade por seus atos.

Para que receba o apoio efetivo dos demais, o mais importante é que você possua objetivos claros e saiba quais são as opções para consegui-los. Esse exercício prévio permitirá que todos tenham mais clareza sobre o tipo de ajuda que deseja receber.

Depois, é fundamental considerar os seguintes pontos:

1) **Ser específico nos objetivos.** Ao apresentar a alguém diversos aspectos da vida em que tem problemas, é fundamental que você seja claro(a) e direto(a); se agir de modo contrário, a reação instintiva da outra pessoa será recuar.

2) **Explicar ao outro por que sua opinião é importante.** Após reconhecer seu ponto de vista, suas conquistas e seu julgamento, deixe-lhe claro que você valoriza suas idéias. Além de ser um elogio, isso faz que o outro entenda e aprove a razão pela qual sua ajuda é solicitada.

3) **Ser positivo e autoconfiante.** Ninguém se sente bem quando percebe que está servindo de escola à outra pessoa. Ao telefonar a um amigo, se você lhe diz: "Estou mal! Perdi meu emprego faz seis meses e pensei que talvez possa me auxiliar", é impossível que a outra pessoa julgue o peso de seu problema superior à disposição de ajudá-lo(a) e vai procurar evitá-lo(a).

Em vez disso, diga: "Acredito que eu posso me desempenhar da melhor maneira em vários campos, por isso estou analisando minhas possibilidades. Gostaria que você me orientasse um pouco em relação à sua experiência...".

4) **Demonstrar que o intercâmbio será benéfico a todos.** Nenhuma pessoa aceita se transformar no lenço para enxugar as lágrimas alheias se sabe que

não vai poder retribuir a ajuda. Nessas ocasiões, pode-se optar por frases como: "Quero conversar com você" (isso implica intercâmbio e um processo duplo); "Tenho algumas idéias e gostaria de saber sua opinião". Dessa maneira, ambos vão se sentir mais à vontade.

5) **Ser agradecido(a).** Poucos agem dessa forma, porém, se investiu seu tempo em você e lhe ofereceu algumas diretrizes, a pessoa vai se interessar em saber se seus conselhos foram seguidos.

Por fim, uma boa maneira de fazer que o outro se sinta bem por

ter-lhe auxiliado e, conseqüentemente, conseguir um aliado é telefonar-lhe, enviar-lhe uma mensagem escrita ou convidá-lo para um café a fim de colocá-lo a par da situação.

CAPÍTULO 13

Mimar-se é uma boa estratégia

Na maioria das vezes, quando há um problema, uma perda ou somos acometidos de imensa tristeza, nós nos despreocupamos com nossa aparência: vestimo-nos de qualquer modo, descuidamos da alimentação – ou porque comemos demasiadamente por ansiedade não prestamos atenção à qualidade dos alimentos.

Em vez de negligenciarmos, o ideal é redobrarmos a atenção aos aspectos externos. Nesse momento, a prática de exercícios físicos pode ser muito importante ao bem-estar físico e mental, uma vez que a

tensão acumulada faz que o organismo se torne mais suscetível às enfermidades e aos acidentes.

Para comprovar esse fato, pode-se citar o exemplo da equipe de *hockey* de Nova Jersey (EUA), pois, quando os jogadores estão perdendo alguma partida, ocorre aumento drástico de acidentes.

Se sua atitude for: "não tenho ânimo para fazer isso", você não só vai piorar a situação, mas também se cercará de um negativismo que ninguém estará disposto a suportar. Com isso, todos se afastarão de você.

Mesmo quando se sentir traído(a), desanimado(a) ou injustiçado(a), proponha-se a não acabar com alguns prazeres de antes, que podem colaborar para a melhora de seu estado de espírito:

- mude o corte de cabelos ou o penteado;
- saia para tomar um sorvete;
- presenteie-se com um livro interessante;
- ouça uma música agradável;
- prepare para si mesmo(a) uma receita saborosa.

Em sua atual crise, se você tiver insônia, falta de apetite ou negligenciar seus cuidados pessoais porque "não está animado(a)", sua situação somente vai piorar.

Quando está faminta, a pessoa torna-se mais irritada e intolerante... quando dorme mal, não consegue suportar brincadeiras nem provocações... quando não "está bem fisicamente", é mais intolerante e dá muita importância a fatores irrelevantes. O que vai ocorrer, então?

CAPÍTULO 14

As regras do jogo continuam vigentes

Embora muitas vezes seu problema pareça insolúvel e estressante, é fundamental que você siga adiante e conte com a ajuda daqueles que lhe são próximos. Mesmo que acredite que as circunstâncias difíceis são justificativa suficiente para esmorecer, os outros também têm seus problemas internos e não vão aceitar que você desista de enfrentar os próprios problemas. Apesar de tudo, as regras do jogo continuam.

Caso não se responsabilize pelas próprias dificuldades, surgirão outros problemas, como, por exemplo, desentendimentos com familiares e amigos; conflitos com chefes e colegas de trabalho; exclusão de outros grupos, porque seu contínuo pessimismo afasta os demais.

Nesse momento, alguns dizem que "todos os fatores ruins desabaram sobre a cabeça"; no entanto, outros estão certos de que essas circunstâncias adversas são, simplesmente, conseqüência do fato de não terem enfrentado a crise de modo adequado.

Se tem a consciência de que, apesar de tudo, a vida segue em frente, esteja certo(a) de que há muito para realizar antes de se dar ao luxo de sentar e se deixar "invadir" pelos sentimentos negativos.

CAPÍTULO 15

Acabe com os "tenho de..."

Na vida, todos nós possuímos uma extensa lista de realizações das quais não gostamos ou preferiríamos substituir por outras. Essas atividades são chamadas de "tenho de...".

Nos momentos de sofrimento e desespero, muitas das

coisas que antes apreciávamos perdem seu valor; conseqüentemente, são transferidas para a lista dos "tenho de...". Assim, a relação dos fatores aumenta, portanto, começamos a nos sentir "vítimas".

No entanto, qual seria sua opinião se eu lhe garantisse que não existe nada em sua vida que "tenha de fazer" e que tudo o que fizer (mesmo aquilo que aparentemente menos lhe dá prazer) tem um bom motivo para que seja executado de boa vontade?

Entre as razões pelas quais os seres humanos se empenham em realizar suas atividades, estão:

- gostar do que fazem;
- desfrutar intensamente o resultado de suas realizações;
- evitar as conseqüências de não fazê-las;

- estar de acordo com seus valores e metas.

Agora, pegue lápis e papel e relacione pelo menos dez atividades realizadas das quais não gosta. Após analisá-las individualmente, encontre pelo menos uma razão pela qual, de agora em diante, você pode fazê-las com otimismo e boa vontade.

Se, por exemplo, sua resposta for: "Agora que estou com esse problema, tenho de trabalhar e não gosto", você pode substituí-la por esta frase: "Trabalho porque não aceito as conseqüências da ociosidade", ou "Porque desejo ter uma boa situação financeira e, para conseguir isso, trabalhar é a forma que está de acordo com meus princípios morais".

Portanto, e com base no exemplo anterior, se, na atual situação, você sente que "precisa trabalhar", reconheça que age desse modo porque existem fortes razões que o(a) incentivam a proceder dessa forma, as quais podem transformar-se em sua principal motivação para o trabalho... porque você quer e lhe é positivo.

Para concluir: se compreende totalmente que faz tudo por opção – mesmo na pior crise –, você vai encontrar verdadeiros motivos para superar os problemas. Evite fazer-se de vítima e atrelar-se a um passado remoto.

Chega de lamentações e autocompaixão. Siga em frente!

CAPÍTULO 16

Modifique a situação atual

Quando estão feridas, desanimadas ou confusas por causa de algum aborrecimento, muitas pessoas preferem aguardar o desenrolar dos fatos em busca de uma solução.

No entanto, essa não é a melhor saída. A dica é que seja assumido um papel ativo no desenrolar dos acontecimentos, pois "esperar é continuar sendo vítima". Além dessa recomendação, estão relacionados mais alguns conselhos a seguir:

- Assuma as rédeas de sua vida, estabelecendo metas para serem alcançadas.

- Nos momentos decisivos, busque o apoio dos que lhe são próximos.
- Acabe com os apegos e as dependências escravizadores.
- Invista em novas amizades, pois o diálogo com outras pessoas pode ampliar seus horizontes.
- Aprenda algo novo. Essa é uma maravilhosa terapia contra a dor e o desânimo.
- Diga adeus ao passado! Aproveite cada ocasião para marcar o momento de transição de sua vida.

Para demarcar o final de uma fase e o início de outra, crie uma espécie de "exorcismo". Nessas ocasiões, algumas pessoas rasgam papéis, fotografias, eliminam arquivos e documentos; outras se mudam de residência, de cidade ou de emprego. Existem aquelas que modificam o vestuário, a aparência física... Enfim, utilizam diversos meios para auxiliá-las na resolução de seus problemas.

É importante que haja um momento no qual você se despeça do passado e inicie uma nova vida. Após essa "purificação das emoções", é possível que retroceda no tempo em busca de experiências positivas para usá-las no presente.

Sumário

Capítulo 1
Para os que estão "cansados" de sofrer ... 7

Capítulo 2
Nada me agrada ... 11

Capítulo 3
Está tão escuro que logo vai amanhecer .. 15

Capítulo 4
Olhar para trás... só para aprender ... 19

Capítulo 5
Quem não percebe que não vê pensa que enxerga ... 23

Capítulo 6
Esclareça seus sentimentos e objetivos .. 27

Capítulo 7
Qual é o verdadeiro problema? ... 29

Capítulo 8
Frustração e medo 33

Capítulo 9
Dificuldades financeiras 39

Capítulo 10
Problemas afetivos ou de relacionamentos interpessoais 45

Capítulo 11
Como agir perante os problemas de saúde? 53

Capítulo 12
Aprenda a pedir ajuda 57

Capítulo 13
Mimar-se é uma boa estratégia 63

Capítulo 14
As regras do jogo continuam vigentes 67

Capítulo 15
Acabe com os "tenho de..." 69

Capítulo 16
Modifique a situação atual 73